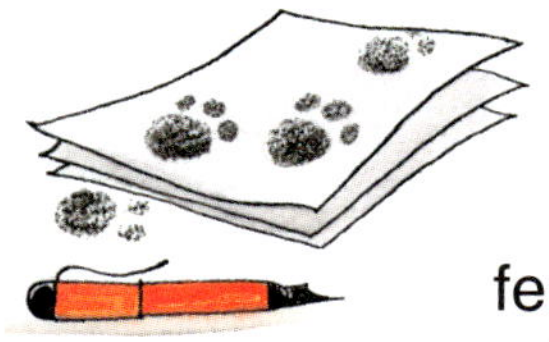

Julia Boehme wurde 1966 in Bremen geboren. Sie studierte Literatur- und Musikwissenschaft und arbeitete danach als Redakteurin beim Kinderfernsehen. Seit einiger Zeit schreibt sie Kinderbücher und denkt sich Geschichten fürs Fernsehen aus.

Johanna Ignjatovič wurde 1952 in Österreich geboren. Sie machte eine Ausbildung als Textildesignerin und arbeitet seit 1978 freiberuflich. In den letzten Jahren zeichnet sie vermehrt Cartoons und illustriert Kinderbücher.

Julia Boehme

Drei kleine Freunde reißen aus

Illustrationen von Johanna Ignjatovič

Loewe

Die Deutsche Bibliothek – CIP-Einheitsaufnahme

Drei kleine Freunde reißen aus / Julia Boehme.
Ill. von Johanna Ignjatovič. – 1. Aufl. – Bindlach : Loewe, 2002
(Lesefrosch)
ISBN 3-7855-4148-1

Für Antonie

J. B.

Der Umwelt zuliebe ist dieses Buch
auf chlorfrei gebleichtem Papier gedruckt.

ISBN 3-7855-4148-1 – 1. Auflage 2002

Umschlagillustration: Johanna Ignjatovič
Reihengestaltung: Angelika Stubner
Umschlaggestaltung: Andreas Henze

www.loewe-verlag.de

Inhalt

Ein Nashorn auf Rädern

Platsch! Kopfüber springt der 

ins 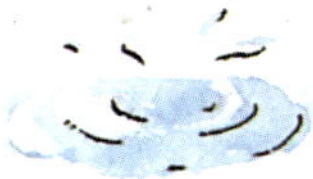. Durch eine 

können ihn die  unter 

schwimmen sehen. Dabei drücken

sie sich die  an der 

platt. Und auch sonst ist im 

ganz schön was los.

Der kleine  zeigt stolz seine scharfen . Gleich nebenan wackelt der  mit seinen riesigen  und winkt mit seinem langen 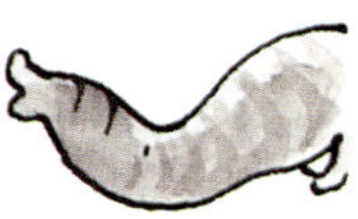 den  zu.

Die  lachen, schlecken 

und knipsen  mit ihrem .

Abends, wenn alle  wieder

gegangen sind, haben die 

den ganzen  für sich.

Dann treffen sich der kleine ,

der  und der  auf

dem 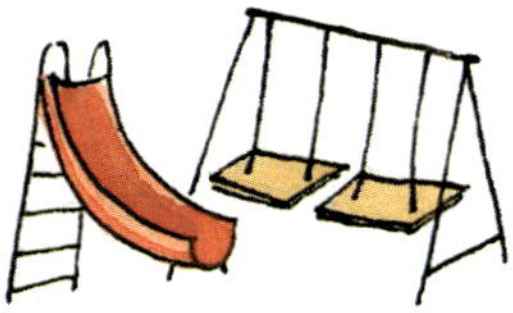. „Was spielen wir

heute?“, will der  wissen.

„Verstecken!“, ruft der kleine .

Der kleine  sagt gar nichts.

Er hört noch nicht mal zu.

„Wo kommen eigentlich die 

her?“, fragt er plötzlich.

„Sie kommen immer durch das

große  dort!“, antwortet ihm

der . „Und durch das 

gehen sie auch wieder hinaus.“

„Wirklich?“, fragt der kleine .

Nachdenklich reibt er sich mit

seiner  die . „Wollen wir

mal gucken, wo die  leben?"

Und ob der kleine  und

der  das wollen!

„Wir brauchen aber einen  “,

schnattert der  aufgeregt.

Denn das große  ist natürlich

verschlossen. „Den  hole

ich schon“, meint der  .

Und wirklich: Mit seinem 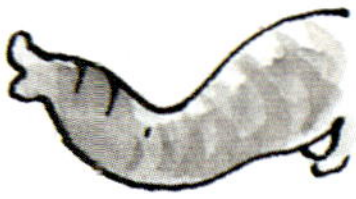

angelt er den  vom .

Vorsichtig öffnet er das .

„Gehen wir!“, ruft der kleine ,

denn  sind mutig.

Die  schleichen leise nach

draußen und schauen sich um:

überall  und .

Gerade wollen sie über die 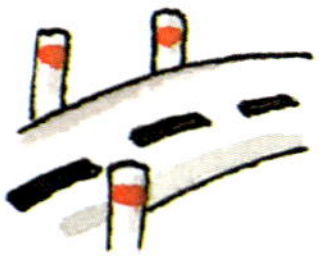

gehen, da saust ein  an

ihnen vorbei. „Huch!“, ruft der

kleine  erschrocken.

„Was war denn das für ein wild

gewordenes ?“

„Seit wann ist ein  blau

und hat 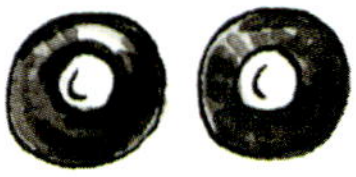 ?“, lacht der .

„Schaut mal da!“, ruft der 

dazwischen. „Hier hat die 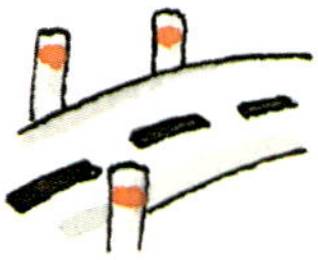

ja  wie ein ! Lustig, nicht?“

Menschen sind eben komisch

„Wo sind denn die ganzen 

hin?“, wundert sich der  .

Auf der 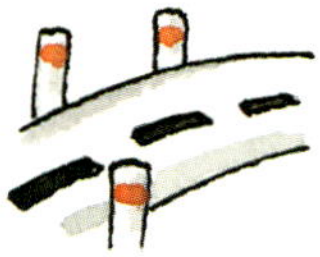 ist nämlich gerade

niemand zu sehen. „Vielleicht sind

in dem  dort  !“

Neugierig schaut der 

durch ein hell erleuchtetes  .

„!“, trompetet er aufgeregt.

„Da sind welche!“ Der  drückt

sich seine  am  platt,

der  seinen 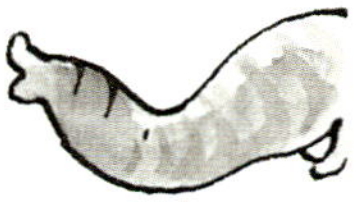, und

der  seinen .

Tatsächlich, drinnen sitzen 

am  und essen. „Was haben

die denn für einen  ?“,

fragt der  verdutzt. „Ganz

ohne  und so voll gestellt?“

„Die  sind eben ein bisschen komisch“, sagt der  und grinst. Die  schauen gleich durch das nächste 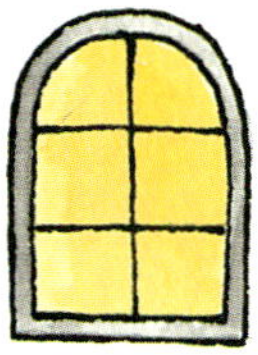. Dort putzt sich ein  die .

Der kleine  schaut ihm wie

gebannt zu. „Ich möchte mir auch

mal die  putzen!“, seufzt er.

„Da liegt doch noch eine .

Die ist ganz bestimmt für dich!“,

meint der .

Und als das  weggeht,

schiebt er den 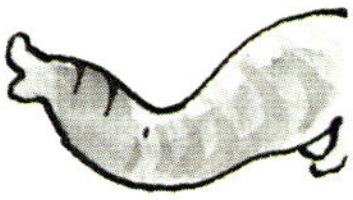 durch das

angelehnte . „Hier“, sagt er

und reicht dem  die .

Plötzlich wackelt der 

mit den 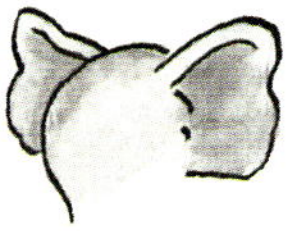. „Hört ihr das?“

„Klar“, schnurrt der .

„Klingt schön!“ „Es kommt aus dem großen  dahinten!“, ruft der . Das ganze  ist festlich erleuchtet. Gespannt blicken die  durch ein .

Drinnen sitzen viele  und

lauschen einem großen 

mit ,  und 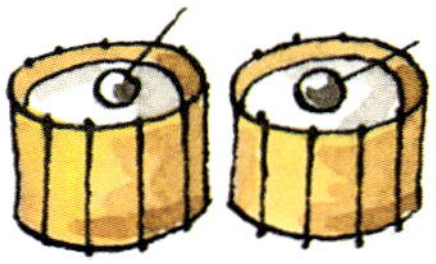.

„Schaut mal!“, ruft der .

„Die sehen ja alle aus wie !“

„Stimmt“, sagt der , „ich habe auch einen weißen 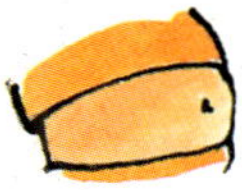 und einen schwarzen ! Und ich kann gut singen!“ Schon fängt der  an. „Und ich kann dazu trompeten“, trötet der .

„Aufhören“, brüllt der  und hält sich die  zu. „Lasst uns lieber noch andere  suchen!“ Als sie durch eine  schauen, sehen sie , die kreuz und quer über eine große, grüne  rennen. „Was machen die da?“, fragt der . „Die spielen !“, lacht der . „Ist das toll!“

Die  kicken den 

mit den  hin und her. Doch

ein  tritt zu fest: Der 

fliegt über die  und kullert

dem  direkt vor die 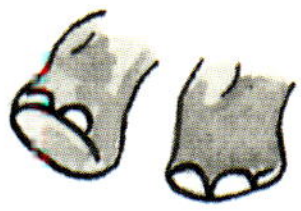.

Der kleine  überlegt nicht

lange. Er schnappt sich den 

und rennt los. „Kommt!“, ruft er.

„Schnell in den !“

Im Zoo ist was los!

Da staunen die  nicht schlecht: Plötzlich ist im  noch mehr los! Die  spielen ! Und die ? Sie baden nicht wie sonst im , sondern stehen alle zusammen auf dem  und singen.

Es klingt etwas schrill, aber sonst

nicht schlecht. Der kleine 

steht stolz davor und dirigiert sie.

Hat man so was je gesehen?

Nur der kleine  zeigt wie

immer seine . Doch diesmal

sind sie frisch geputzt. Und zwar

mit seiner nagelneuen !

Die Wörter zu den Bildern:

Pinguin

Wasser

Glasscheibe

Menschen

Nasen

Zoo

Tiger

Zähne

Elefant

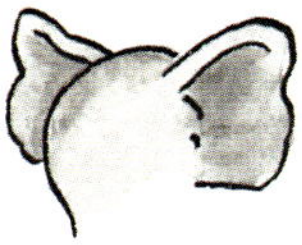
Ohren

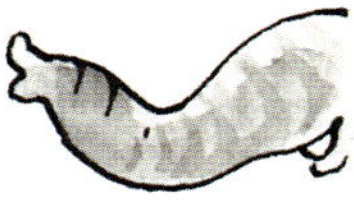
Rüssel

Kinder

Eis

Bilder

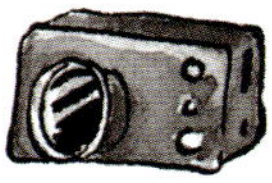
Fotoapparat

Tiere

Spielplatz

Tor

Pfote

Schnauze

Schlüssel

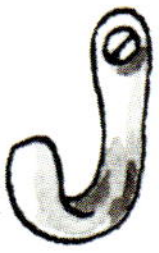

Haken

Straßen

Häuser

Auto

Nashorn

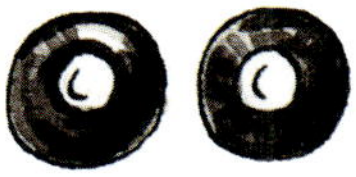

Räder

Streifen

Zebra

Fenster

Schnabel

Tisch

Stall

Stroh

Mädchen

Zahnbürste

Orchester

Geigen

Trompeten

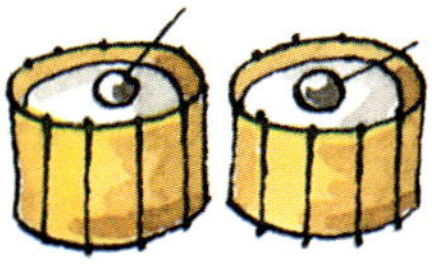

Pauken

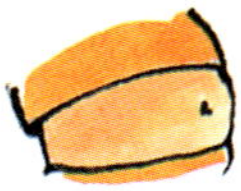

Bauch

Frack

Hecke

Wiese

Fußball

Füße

Mann

Felsen

Lesefrosch

Mit Bildern lesen lernen!

Julia Boehme/
Johanna Ignjatovič
ISBN 3-7855-3803-0

Julia Boehme/
Johanna Ignjatovič
ISBN 3-7855-3923-1

Claudia Ondracek/
Christian Zimmer
ISBN 3-7855-4147-3

Julia Boehme/
Johanna Ignjatovič
ISBN 3-7855-4148-1

Loewe